DER NATI
GEOGRAPHIC EXPLORER

SYDNEY

Willkommen in Sydney!
Die Übersichtskarte zeigt die sechs Stadtbezirke von Sydney und die interessantesten Ziele in der Umgebung. Praktische Tipps und Hinweise auf Veranstaltungen und Feste im Jahresrhythmus bieten zusätzliche Hilfe bei der Reiseplanung.

Die Stadtbezirke und das Umland im Überblick

A Circular Quay / The Rocks / Royal Botanic Gardens
B CBD (West) / Darling Harbour / Haymarket / Pyrmont
C CBD (East) / Woolloomooloo / Surry Hills
D Inner East / Darlinghurst / Kings Cross / Paddington
E Manly / Watsons Bay / Bondi / Bronte
F Inner West / Glebe / Newtown / Leichhardt / Balmain

Jedes Kapitel bietet Adressen von Restaurants – geordnet nach Preiskategorien –, Cafés, Bars, Nachtclubs und Läden sowie eine Auswahl von Sehenswürdigkeiten mit Stern (★), die dank genauer Angaben (**A** B2) leicht auf den Karten zu finden sind.

Verkehrsmittel und Hotels Sydney
Nützliche Informationen zu öffentlichen Verkehrsmitteln sowie eine Auswahl an Hotels, geordnet nach Preiskategorien, ergänzen den Verkehrsnetzplan.

Register
Das alphabetisch geordnete Register verzeichnet alle im Führer genannten Straßen und Sehenswürdigkeiten mit ihren Planquadraten (**B** C3).

Willkommen in Sydney!

A Circular Quay / The Rocks / Royal Botanic Gardens

B CBD (West) / Darling Harbour / Haymarket / Pyrmont

C CBD (East) / Woolloomooloo / Surry Hills

D Inner East / Darlinghurst / Kings Cross / Paddington

E Manly / Watsons Bay / Bondi / Bronte

F Inner West / Glebe / Newtown / Leichhardt / Balmain

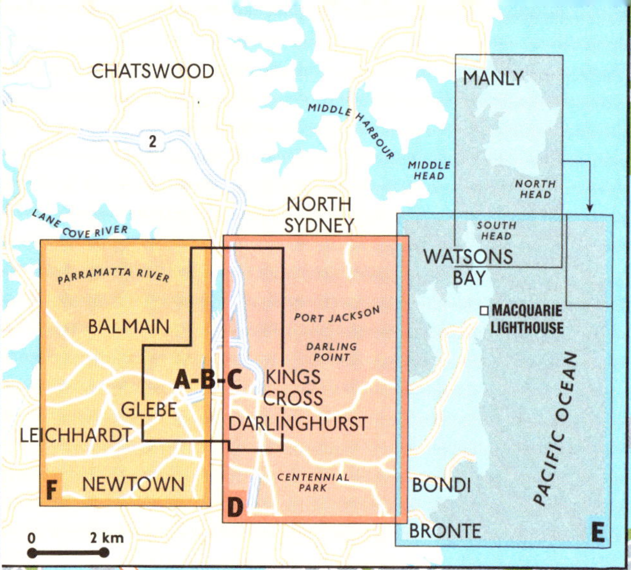

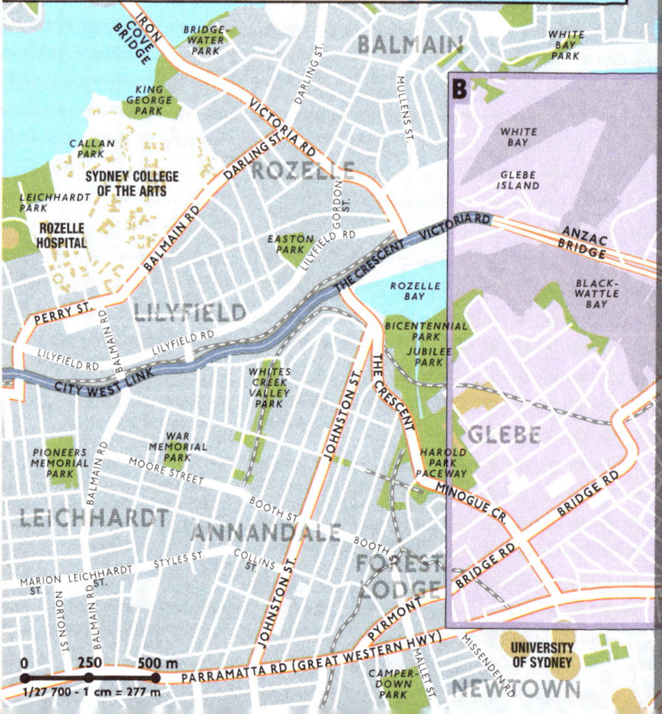

BASEMENT

CUSTOMS HOUSE

THE KEN DONE GALLERY

Konditoreien, Cafés

La Renaissance (**A** B4)
→ *47 Argyle St., The Rocks, Tel. 9241 4878, tägl. 8.30–18 Uhr*
Den französischen Küchenchef Pierre Charkos gibt es nicht mehr, aber die drei Söhne setzen seine Tradition fort: Konditoren zaubern ab 4 Uhr morgens köstliche Kuchen, die man sich im schattigen Hof schmecken lassen kann.

Andrew ›Boy‹ Charlton Poolside Café (**A** D5)
→ *1C Mrs Macquaries Rd., The Domain, Tel. 8354 1044, Sept.–April tägl. 6–19/20 Uhr*
Weit ab zwischen der Bucht von Woolloomoloo und dem Botanischen Garten liegt dieses Café direkt am Schwimmbad, das den Namen eines begnadeten Schwimmers trägt (1907–75). Frühstück zu jeder Tageszeit!

Pubs

The Australian Hotel (**A** B4)
→ *100 Cumberland St., tägl. 10.30–24 Uhr, durchgängig warme Küche*
Ein traditioneller Pub, jung und sympathisch. Er liegt abseits der Touristenzentren und bietet eine große Terrasse. Durchgängig gibt es Pizza und Känguru-Pie (15 $).

The Lord Nelson Brewery Hotel (**A** A4)
→ *Ecke Kent & Argyle Sts., The Rocks, Tel. 9251 4044, Mo–Sa 11–23, So 12–22 Uhr*
Auf dem hinreißenden Argyle Place findet sich dieser etwas altmodische Pub aus dem Jahr 1841. Es ist einer der wenigen, der noch selbst sein eigenes Bier braut. Dazu werden Cheddar-Teller, Chutneys, Pickles und Brot serviert.

Bars, Clubs

Establishment Bar (**A** B5)
→ *252 George St., Tel. 9240 3000, tägl. 11 Uhr bis zum letzten Gast (Sa ab 18 Uhr)*
Ein perfekter Ort für alle Schönen. Ähnliche Atmosphäre wie in der Lounge-Bar The Argyle in »The Rocks« (18 Argyle St.).

Opera Bar (**A** C4)
→ *Lower Concourse Level, Sydney Opera House, Tel. 9247 1666, tägl. 11.30 Uhr bis spät*
Dieser fantastische Biergarten zu Füßen der Oper zieht die ganze Stadt magisch an. Zusätzliche Pluspunkte: moderate Preise und Livemusik.

The Basement (**A** B5)
→ *29 Reiby Pl., Tel. 9251 2797, www.thebasement.com.au*
Ein Keller, der sich zu dem angesagtesten Jazzclub von Sydney entwickelt hat. Alle Stilrichtungen: R'n'B, World etc.

The Greenwood Hotel (**A** B1)
→ *36 Blue St., North Sydney, Tel. 9964 9477, Mo–Mi 11–23, Do 11–3, Fr 11–0.30, So 15–23 Uhr*
Eine ehemalige Schule, umgewandelt in einen Mix aus Pub, Bar und Diskothek. Tagsüber ein Treffpunkt der Büroangestellten; nachts eine große Tanzfläche mit viel House Music.

Kulturzentrum

Customs House (**A** B5)
→ *31, Alfred St., Circular Quay, Mo–Fr 8–24, Sa 10–24, So 11–17 Uhr*
Im neoklassizistischen Gebäude (1885) des ehemaligen Zollhauses gibt es eine öffentliche Bibliothek. Im Erdgeschoss kann man im verglasten Fußboden ein Modell der Stadt bewundern.

Einkaufen

Craft NSW (**A** B4)
→ *104 George St., The Rocks, Tel. 9241 5825, tägl. 9.30–17.30 Uhr*
Das Geschäft der Society of Arts and Crafts, zu der sich Kunsthandwerker aus NSW 1906 zusammengeschlossen haben. Sehr schöne Objekte, die in Material und Motiven noch Spuren aus dem Buschland erkennen lassen.

The Ken Done Gallery (**A** B4)
→ *1 Hickson Rd., The Rocks, Tel. 9247 2740, tägl. 10–17.30 Uhr*
Die Galerie des im Jahr 1940 geborenen Malers Ken Done zeigt einige Bilder mit Australiens Wahrzeichen als Thema: Oper, Strand, Natur.

Opal minded (**A** B4)
→ *55a George St., The Rocks, Tel. 9247 9885, tägl. 9–18.30 Uhr*
Hier versorgt man sich mit australischen Opalen.

The Gardens Shop (**A** C5)
→ *Palm Grove Centre, Royal Botanic Gardens, Tel. 9231 8125, tägl. 9.30–17 Uhr*
Im Laden der Royal Botanic Gardens gibt es Garten- und Pflanzenbücher und andere Souvenirs: Radierungen und Plakate, Samentütchen für einheimische Blumen, Gewürze der Aborigines, Plüschkängurus etc.

Straßen im Schachbrettmuster, gesäumt von Bürogebäuden: Der Central Business District lebt im Rhythmus von Arbeit und Kommerz; zu Spitzenzeiten ist das Viertel richtig überlaufen. Während im »CBD« gearbeitet wird, dient Darling Harbour eher dem Vergnügen. Die Fußgängerzone am Wasser lädt zum Spazierengehen und Entspannen ein; hier findet man Cafés, Einkaufspassagen und Attraktionen aller Art. Weiter südlich wird es asiatischer und preiswert; die Restaurants sind hier bis in die Morgenstunden geöffnet. Ultimo und Pyrmont auf der anderen Seite der Cockle Bay wirken dagegen richtig ruhig. Auf dem Fish Market herrscht schon vor Morgengrauen eifrige Geschäftigkeit.

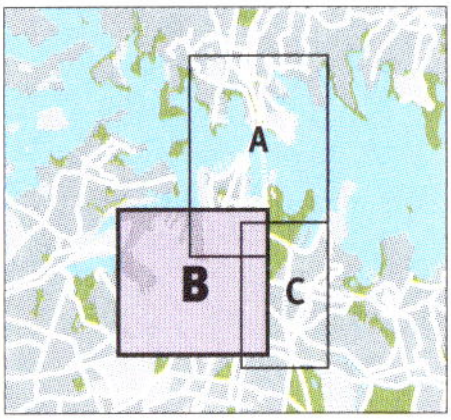

TETSUYA'S

SLIP INN

Restaurants

Happy Chef Seafood Noodle House (**B** E3)
→ *Sussex Centre, 1. Stock, Shop F3, 401 Sussex St., Haymarket, Tel. 9281 5832, tägl. 10–21 Uhr*
Unter allen Speiseangeboten im Sussex Centre macht Happy Chef mit seinen Suppen (Nudeln, Tofu, Fleisch etc.) das Rennen. Suppe 7–9,50 $.

Sydney Fish Market (**B** C2)
→ *Ecke Pyrmont Bridge Rd. & Bank St., tägl. 7–17.30 Uhr*
Hier kann man seine Austern oder seinen gegrillten Hummer direkt am Stand aussuchen, sich einen trockenen Weißwein im Blackwattle Deli besorgen und beides draußen auf dem kleinen Damm genießen. Halber Hummer 15 $, 12 Austern 17 $.

East Ocean (**B** E3)
→ *421-429 Sussex St., Haymarket, Tel. 9212 4198 Mo–Fr 10–2, Sa–So 9–2 Uhr, BYO-Korkengeld 20 $*
Man brüstet sich hier mit mehr als 400 Variationen von Bouchées à la vapeur, ausgestellt auf dem Servierwagen. Yum Cha 8 $, Gericht 18–35 $.

Chinta Ria... Temple of love (**B** E2)
→ *201 Sussex St., Cockle Bay Wharf (Nähe Pyrmont Bridge), Tel. 9264 3211, tägl. 12–14.30, 18–23 Uhr, So Abend geschl., BYO-Korkengeld 8 $*
Ein riesiger Buddha empfängt die Gäste – egal, ob man mit großem oder kleinem Appetit kommt. Serviert wird malaiische Küche. Gerichte 20 $.

Capitan Torres (**B** E3)
→ *73 Liverpool St., Tel. 9264 5574, tägl. 12–15, 18–23 Uhr*
Der kleine Abschnitt dieser Straße wird auch »Little Spain« genannt. Hier unterhält Manuel eine typisch spanische Mesón. Paëlla, Huhn a la gallega etc. Tapas 12–15 $, Gerichte 28 $.

Kingsley Steakhouse (**B** D1)
→ *17 Lime St., King St. Wharf, Darling Harbour, Tel. 9295 5055, tägl. 12–15, 18–22.30 Uhr*
Hier kommt Rindfleisch auf den Teller, das von ausgewählten Rassen stammt – zum Beispiel von einer Kreuzung aus japanischem Wagyu und australischem Angusrind. Blick auf Darling Harbour. Gerichte 35 $.

Tetsuya's (**B** E3)
→ *529 Kent St., Tel. 9267 2900, Di–Sa ab 18.30, Sa ab 12 Uhr*

THORPE AQUATIC CENTRE

DINOSAUR DESIGN

R. M. WILLIAMS

Um in den Genuss zu kommen, die Küche dieses großen japanischen Kochs kennenzulernen, muss man mindestens zwei Monate im Voraus reservieren! Es gibt keine feste Speisenfolge, sondern eine Verkostung von 17 Gerichten mit 17 passenden Weinen. Forellen-Confit, Wagyu mit Zitrone und Wasabi etc. – einfach göttlich. Verkostung 195 $ (Weine 90 $).

Café, Pubs, Bars/Clubs

Bacio (**B** E2)
→ *455 George St., QVB, Tel. 9283 3878, Mo, Di, Mi, Fr 6–18, Do 6–21, Sa 6.30–18, So 7.30–18 Uhr*
Schönes Café in einer malerischen Galerie des Queen Victoria Building.

Arthouse Hotel (**B** F2)
→ *275 Pitt St. (zwischen Market und Park Sts.), Tel. 9284 1200, Mo–Do 11–24, Fr 11–3, Sa 17–6 Uhr*
Vom Erdgeschoss bis zur letzten Etage dieses Gebäudes aus dem Jahr 1836 ist alles großzügig. Es gibt 5 Bars und ein Restaurant, das rund um die Uhr geöffnet hat. In den S-förmigen Baugliedern werden Künstler präsentiert. Außerdem gibt es Tanz-, Trapez- und Theateraufführungen.

Slip Inn (**B** E2)
→ *111 Sussex St. (Ecke King St.), Tel. 9240 3000, Mo–Do 12–24, Fr 12–4, Sa 17–4 Uhr*
Drei Bars, zwei Diskotheken und ein wundervoller Biergarten ziehen ganze Horden an. Hier soll übrigens Mary Donaldson ihren Prinzen von Dänemark getroffen haben.

Cargo (**B** D1)
→ *52-60 The Promenade, King St. Wharf, Darling Harbour, Tel. 9262 1777, So–Do 11–24, Fr-Sa 11–3/5 Uhr*
Eine dieser Lounges, die es so nur in Sydney gibt. Als Bar-Retaurant öffnet sich das Cargo tagsüber auf Darling Harbour, nachts verwandelt es sich in eine fiebernde Tanzfläche. Einmal im Monat Riesenparty.

Marble Bar (**B** E2)
→ *488 George St., Hotel Hilton Ebene 1, Tel. 9265 6026, Mo–Do 17–3, Fr–Sa 15–3 Uhr, Livemusik Mi–Sa ab 20/21 Uhr*
Eine Bar ganz aus Marmor aus dem Jahr 1893 und voller schöner Details: Schnitzereien aus Zedernholz, feine Stuckarbeiten, schöne Fenster. Hier lauscht man Pop- oder Rockgruppen.

Freizeit

Ian Thorpe Aquatic Centre (**B** D3)
→ *456 Harris St. (Ecke William Henry St.), Ultimo, Tel. 9518 7220, Mo-Fr 6–21, Sa–So 6–20 Uhr*
Ein lichtdurchflutetes Schwimmbad in Wellenform, vorletztes Projekt des Architekten Harry Seidler (1923–2006).

Sydney Seafood School (**B** C2)
→ *Sydney Fish Market, Tel. 9004 1111, 4–5-stündige Kurse ab 10 Uhr, 2-stündige Kurse ab 18.30 Uhr*
In der Kochschule des Fish Market kann man lernen, Fisch so zuzubereiten, wie man es an den verschiedenen Ecken und Enden der Welt tut.

Einkaufen

The Strand (**B** F2)
→ *193-195 Pitt Street Mall, Tel. 9232 4199, Mo–Sa 9–17.30, Do 9–21, Sa 9–16, So 11–16 Uhr*
Eine wunderbare Einkaufspassage aus dem 19. Jh., die heute verschiedene Designer beherbergt: **Nobué** (im japanischen Stil), **Bettina Liano** (gewagt), **Leona Edmiston** (romantisch), **Alex Perry** (glamourös) etc.

Dinosaur Design
→ *Shop 77, Tel. 9223 2953*
Schüsseln und Schmuck aus Harz, mehrfarbig und durchsichtig.

R. M. Williams (**B** E2)
→ *389 George St. (zwischen King & Market Sts.), Tel. 9247 0204, Mo–Fr 8.30–18 (Do 21), Sa 9–17, So 11–17 Uhr*
Bevor R. M. Williams (1907–95) anfing, Kleider zu entwerfen, war er Kameltreiber, Schuster und Bergarbeiter. Heute: Boots, Jeans, Hüte, Jacken etc. Hier erobert das Outback die Stadt!

Paddy's Markets (**B** E4)
→ *Angle Hay & Thomas St., Tel. 1300 361 589, Do–So und an öffentlichen Feiertagen 9–17 Uhr*
Für die kleinen, günstigen Einkäufe: Badeanzüge, Badehandtücher, Klamotten, Plüschkängurus, Socken und Stiefel aus Lammfell etc.

Simon Johnson (**B** C2)
→ *181 Harris St. (zwischen Miller St. und Pyrmont Bridge Rd.), Pyrmont, Tel. 9552 2522, Mo–Fr 10–18.30, Sa 9–17, So 10–16 Uhr*
Ein Feinkostgeschäft mit Produkten aus aller Welt, in dem die großen Küchenchefs einkaufen. Schöner Keller, in dem australische Käse reifen.

An die Royal Botanic Gardens schließt sich im Süden die grüne Freizeitoase The Domain an. Von hier bis zum Hyde Park findet man etliche stilvolle Gebäude: Museen mit neoklassizistischer Fassade entlang der Parks, Gebäude im Art-déco-Stil am Martin Place, beeindruckende Bauwerke an der Macquarie Street, teils von Gouverneur Macquarie (1809–21) selbst in Auftrag gegeben. Der Hyde Park bildet eine Grenze zwischen Stadtzentrum und Eastern Suburbs. Eine dieser Vorstädte, Surry Hills, ist immer beliebter und teurer geworden, hat sich aber etwas Kreativ-Unkonventionelles bewahrt. Angesagte Cafés und Boutiquen findet man beispielsweise an der Crown Street und der Bourke Street.

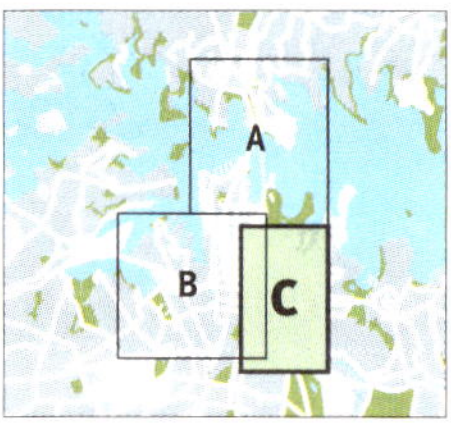

SPICE I AM

VOIAJ

RESTAURANTS

GPO Sydney (**C** A1)
→ *1 Martin Place, Ebene 1, Tel. 9229 7700, Mo–Fr 12–15, 18–22, Sa 18–22 Uhr*
Schicke Restaurants im Untergeschoss des Westin Hotels (ehemaliges Hauptpostamt): Sushi-Train-Lokale, italienische Bistros, Austern-Bars und mehr. Gerichte ab 10 $.

Spice I am (**C** A4)
→ *90 Wenworth Ave. (Ecke Campbell & Elizabeth Sts.), Tel. 9280 0928, Di–So 11.30–15, 18–22 Uhr, BYO*
Dies ist sicher der schärfste Thai von Sydney! Die Zutaten sind frisch, etwa beim knusprigen Hühnchen mit Basilikum. Gerichte 16 $.

Mohr Fish (**C** B6)
→ *202 Devonshire St., Surry Hills, Tel. 9318 1326, tägl. 11–22 Uhr*
In einer ehemaligen Metzgerei kann man im weiß gekachelten Ambiente Austern oder Fisch genießen, ohne dass das Portemonnaie ächzt. Ein letztes Glas trinkt man dann im Shakespeare Hotel . Gerichte 14,50–24 $.

Bodega (**C** A5)
→ *216 Commonwealth St., Surry Hills, Tel. 9212 7766, Mo–Sa 18–22, Do–Fr 12–15 Uhr*
Am Herd zwei Freunde, im Restaurant als Bedienung ihre Mädels, an den großen Tischen Gäste im siebten Himmel: so entzückt die lateinamerikanisch inspirierte Küche. Schöne Banana Split probieren! Tapas 8–26 $.

Bird Cow Fish (**C** B6)
→ *500 Crown St., Surry Hills, Tel. 9380 4090, Mo–Sa 12–15, 18–22, So 12–15 Uhr, Sa/So Frühstück 8–12 Uhr*
Ein gemütliches Café. Hier kann man Alex Herberts mediterran ausgerichtete Küche entdecken: Zucchini mit Blüten, gefüllt mit zerkleinertem Stockfisch oder Gnocchi in Sauce mit Kapern und Salbei. Gericht 18–35 $.

Voiaj (**C** B3)
→ *66 Stanley St., Ost-Sydney, Tel. 9380 4252, BYO-Korkengeld 4 $ pro Pers., Mo–Sa 18–22 Uhr*
Die Speisen wie auch das sehenswerte Dekor in diesem Restaurant stammen aus der ganzen Welt: Orient, Mexiko, Ägypten, Vietnam, Simbabwe ... Gerichte 19–34 $.

Manta (**C** A2)
→ *Finger Wharf W'mooloo, Tel. 9332 3655, tägl. 12–15, 18–20 Uhr (im Sommer bis 21.30 Uhr)*